Simon Tofield

Simons Katze

Simon Tofield

Simons Katze

Auf den Hund gekommen

GOLDMANN

Die britische Originalausgabe erschien 2019 unter dem Titel
„Simon's Cat: It's A Dog's Life" bei Canongate Books Ltd., Edinburgh

Dieses Buch ist auch als E-Book erhältlich.

MIX
Papier aus verantwortungsvollen Quellen
FSC® C005833

Verlagsgruppe Random House FSC® N001967

1. Auflage

Umschlaggestaltung: UNO Werbeagentur, München
Umschlagabbildungen: Simon Tofield
Satz: Uhl + Massopust, Aalen
Druck und Bindung: Tesinska Tiskarna, Cesky Tesin
Printed in the Czech Republic
ISBN: 978-3-442-31533-8
www.goldmann-verlag.de

Besuchen Sie den Goldmann Verlag im Netz

Für Zoë und James

Simon Tofield ist ein preisgekrönter Zeichentrick- und Comickünstler. Mit seinen vier Katzen Hugh, Maisy, Jess und Teddy lebt er in Bedfordshire.

Danksagung

Ein großes Dankeschön an Zoë und James Tofield, Emma Randell, Theresa Ward, Edwin Eckford, Liza Nechaeva, Georgi Chapman, Rachel Thorn, Alice Bernardi, Jane Smith, Hannah Knowles und das gesamte Canongate Team.